BEIM **WORT** GENOMMEN

Karin Grössenbrunner

Lyrik II

Bibliografische Information der Deutschen Nationalbibliothek:
Die Deutsche Nationalbibliothek verzeichnet diese Publikation
in der Deutschen Nationalbibliografie; detaillierte bibliografische Daten
sind im Internet über http://dnb.d-nb.de abrufbar

Herstellung und Verlag: BoD - Books on Demand, Norderstedt
ISBN: 9 783744 864589

dankbar

meiner Familie

Auf ein Wort

Geht es um Wesentliches im Leben, stützt uns die Schau nach innen den Rücken, stärkt uns, was trägt – in freudigen Zeiten und gerade dann, wenn es nicht leicht ist. Wie gut, wenn wir ein verlässliches, vertrauens-seeliges Wort finden, aus dem eigenen Inneren, von nahen Menschen.
Unser Dasein ist letztlich ein Ant-worten auf die Zusage des Lebens. Sie steht ausgesprochen vor uns, um sie beim WORT zu nehmen.

In welcher Lebenslage Sie sich auch immer befinden – die Worte wollen gerne ermutigen, wahrhaftig, freudig, lebendig selbst zu sein. Genau Jetzt!
Ich gebe Ihnen MEIN WORT!

Karin Grössenbrunner

zur Orientierung

Liebe-voll vom Ich zum Du

WERT VOLL
bist du
immer

glauben
musst du
es selbst

KOMMUNIKATION

Nichts im Außen
macht dich glücklich

zuvor die Entscheidung
zu dir selbst

was dann kommt
bleibt

Geh
an den Rand
deiner Grenze

hüte sie

und
du wirst offen
für Liebe

BEZIEHUNG

nicht schon
sein müssen
sondern
werden dürfen

BARMHERZIGKEIT

Am Horizont wir –
über alle Grenzen Gegangenen
in die Sünde Gestiegenen
den schweren Weg des Leichten Gestolperten

schamrot
angstbleich
enthofft

DU
armweite Liebe
uns entgegen
für Zeit und Ewigkeit

Lukasevangelium 15, 11 - 32

PARADOX

Hältst du am Leid fest
bleibt es dir

Hältst du die Liebe fest
flieht sie

Lässt du dein Leid frei
kann es gehen

Lässt du die Liebe frei
kann sie kommen

BUCH DES LEBENS

Augen spüren Sehnsucht
Zehen grüßen Grashalme
Fingerkuppen küssen mit jeder Berührung

Worte erzählen –
an die Liebe gelehnt –
von IHM

HEILIGE SCHRIFT

DU

bruchstückhaft und ganz
eng und weit
vertieft und erhöht
zugeknöpft und aufgeschlossen
kopiert und original

einfach so   19

wie ich

und
Liebe
heilt
zum DU

Von Zweifel zu Vertrauen

KINDERSPIEL

Wer fürchtet sich
vor der Angst?
Alle!

Und wenn sie
trotzdem kommt?
Dann laufen wir
ihr entgegen!

WEG

verstehe deine Angst
aber bleib nicht
bei ihr
stehen

traue
deiner Sehnsucht
sie bleibt dir treu

DÄMON

Auf den Zinnen des Tempels
bietet er alle Kraft auf

Geschütze der Niedertracht

Stürze ihn
nicht dich

Lukasevangelium 4, 9

Bestätigungen
fürs Scheitern
wirst du immer finden

Erfahrungen
des Gelingens
machst du nur im Tun

Und das Leben
erhebt sich
schmetterlingsleicht
aus deinem Herz

SATT

Es satt haben
das unendliche
Zögern, Zaudern, Zornen

Satt sein
das Leben aus-kosten wollen
die Fülle schmecken
der Liebe trauen

und die Schlangen-Angst
beißt ins Leere

Bleibst du stehen
wirst du rastlos

Gehst du
führt dich
jeder Weg

nach Hause

IKARUS–BITTE

Schmilz mir die Flügel
Wirf mich auf Grund und Boden
ernüchtere meine Gefangenschaft
des Grübelns

um neu
aufzuerstehen
aufzustehen
zu stehen

auf Beinen
der Wahrhaftigkeit
und Liebe

und
mit einem Flügelschlag
hebe ich ab
in Freiheit

TRAUER

du kannst sie nicht lösen
nur leben

dann
löst sie sich
und heilt
was wund

und
Leben fließt

EIN MAL LEBEN TO GO

an jeder Straßenecke sind sie zu finden

Verkaufsstände
schnellen Glücks
absoluter Freude
größter Chance

Leben im Vorbei-Gehen

Im Innehalten
findest du
was dich trägt
und ruhen lässt

VERHÜTUNG

uns schützen vor
Leben
Fülle
Liebe

werden unfruchtbar
leben dosiert
gehen gebremst

bis wir uns befreien

Irre gehen

wir nur

wenn wir uns verschonen

der Rest

ist Erfahrung

WUT

Tempelreinigung der Seele

Vertreibung der Händler
die Geschäfte treiben
auf unsere Kosten

Aufdecken der Fälscher
die Wucherzinsen verlangen
für geschenktes Leben

Entlarven der Frommen
die scheinheilig auf
die Knie zwingen
um das Goldene
Kalb anzubeten

und dann

Heilige Ruhe
Strahlender Himmel
Gesang aus der Höhe
Vertrauen aus der Tiefe

Un-endlich
Leben!

Johannesevangelium 2,13 - 17

TERROR

unsere Herzen
verhungern

im Krieg
der Gedanken

BEIDES

lässt du Leid nicht zu
irrst du unruhig in Veränderung
zwingst das Glück herbei

erträgst du Liebe nicht
haftest du am Immergleichen
gestaltest nichts Lebendiges

liebe
und
leide
und
lebe

TABULA RASA

schreib mir
ein Gedicht ins Herz
in die Stille

ich sehne mich
nach DEINEM Wort

Im Schmerz
windest du dich
allein

Nur du
kennst dein Leid
Nur ER
kennt dein Heil

In SEINEM Arm
löst sich dein Krampf
friedet dein Kampf

atemleise

Dem Ringen des Zögerns entsteigen

LIEBE

Sie bittet nicht um Bleibe-Recht
sie will Heimat

Sie fragt nicht nach Gründen
sie lebt aus der Gewissheit

Sie will nicht
sie vertraut

Sie beginnt
immer neu
in dir

WIEDER-GEBURT

ins Leben hineinsterben
und
auferstehen

immer
wieder
Geburt

41

KOMMEN & GEHEN

Wir wissen nie
was kommt –

erst
wenn wir
gehen

KAMPF-LOS

Soll-daten
nehmen dich
in den Schwitzkasten
von Muss und Verbot

Liebe
hält dich warm
im Brutkasten
deines Werdens

Bis du
nachgereift entsteigst
und dir traust

EINFACH
LEBEN

Dein Leben
wird dich
immer wieder
ver-suchen

damit du
dich
findest

wunderschön
wertvoll
unersetzbar

LEBEN

und wie viele Tode
und wie oft auferstehen
und immer
der Engel
Fürchte dich nicht

Dir
ins Herz
zugemutet

ENTSCHEIDUNG

Ein Nein aus Liebe
schmerzt

Ein Nein aus Angst
ist unerträglich

Ein Ja aus Angst
bleibt ein Vielleicht

Ein Ja aus Liebe
lebt

VERSCHREIBEN

verschreibe dich
dem Wunder

buchstabiere dir
den Neubeginn
ins Herz
mit jedem Atemzug

und
es h-eilt dir entgegen

LIEBE

unser letztes Hemd

nichts näher als sie

alles ersetzbar

außer

ihre Nähe

ihr Atem

ihr Durchdringen unseres Seins

SIE

hält uns

am Leben

ER
schlägt
auf das Trommelfell
deines Herzens
rührt dich an
bringt dich in Schwingung

bis du tanzt

IHM zur Ehre
dir zur Freude

Von Herzen für die Liebe frei

BEZIEHUNG

aus der
Beliebigkeit

in die
FREIHEIT
die verbindet

UND

den Rock und das Hemd
die eine und die nächste Meile
die linke und die rechte Wange

jetzt und ewig

immer noch ein UND mehr
liebt ER dich
du Mensch

GELÜBDE

Mich
lieben
in guter und unguter Zeit
ob
nah
oder verleugnet
in Fesseln gelegt
oder loserlöst
in Tiefen versunken
oder aus Höhen stammelnd

dem Nein entgegentreten
meinem JA Glauben schenken

Hochzeitsgesang
hebt an

HEILUNG

Es geht nicht darum
anders
sondern
SELBST zu werden

das ERNEUERT

BEWEGUNGSMELDER

Unser Leben
er-öffnet sich uns
sobald wir
einen Schritt
auf die
Tür
zugehen

dahinter warten
Freiheit, Leben, Liebe
schon ewig

BANK-WESEN

Das Leben
fragt
nach Zinsen der Wahrhaftigkeit
schiebst du
Entscheidungen
auf die lange Bank

dein Vermögen
liegt dir
immer bereit

herznah

SCHMETTERLINGSKINDER

Und
über unsere Wunden
legt er uns
sein Leinen
aus Liebe

umhüllt
entpuppen
entblättern
zerfallen
wir

und
erwachen
mit einem Flügelschlag

GEBEN und NEHMEN

Gib
dich hin

und

du bekommst mehr
als du dir nehmen würdest

ZAUBER DES ANFANGS

nichts erzwingen
und
alles bekommen

ZIEH

entzieh dich nicht
dem Wunder –
aus Angst, Bequemlichkeit, Lauheit

beziehe dich
trotz allem

und
du wirst
Freiheit atmen
Liebe kosten
Angst begegnen
Vertrauen leben

GANZ OR

lichtdurchflutet
durch Haut Haar Herz Hirn

Du, Mensch,
Licht in der Welt

SEIN Widerschein
in neuer Haut

im Hebräischen stehen die Zeichen OR für Licht und Haut

Die Kraft
der du dich hingibst
füllt dich aus

Heilige Heimat

GEBET I

dich hingeben
wie du bist
in allem dich zeigen

Hoffnung und Zweifel
Zuversicht und Kleinmut
Aufbruch und Zögern

und ER antwortet

wie es ist

GEBET II

Schenk uns ein Wort
in unsere offene Hand

und wir
kauen es
den Tag hindurch
weichen den Bissen auf
mit unseren Erfahrungen
stillen Hunger und Durst
nach diesem

Brot des Lebens

DU

stehst uns nicht zu
und
stehst doch zu uns

nicht
aus Pflicht
nur
aus Liebe
so ahne ich
DICH

KLEINGLÄUBIG

sind wir –
dem Dämon mehr vertrauend
als dem Leben
der Angst Glauben schenkend
statt der Liebe

GROSSGLÄUBIG
sind wir –
einfach liebend, lebend
ohne Wenn und Aber
mit Vertrauen

und
ALLES IST SEIN

Wenn in der Stille
ich ringe
um ein WORT

ich bitte dich
leg DICH
nahe
wie ein
Mantel um mein
Herz

HEIM-SUCHEN

Streue Rosen
auf den Weg
deiner Hoffnung

Und wenn nur noch
Sehnsucht bleibt

stille
deinen Atem
an den Blütenblättern

sie bringen dich heim
zu DIR

SCHALOM

kein Anderwo
als DU

kein Anderwie
als DU

kein Anderwer
als DU

SCHALOM

KAR-OSTERN

Und immer wieder
der Kelch
zwischen ich und DU
das Sterben
von Zwang und Müssen
der Tanz des Auferstehens
in DEINE Liebe
auf DEINEM Weg

Und ewig
LEBEN
LIEBEN
in Fülle

SPIEGEL

Geh in die Welt
Lass dir dich zeigen
in Terror und Hass
in Umarmung und Freude
in Schatten und Licht

und

LIEBE

sei dir die Gewissheit
unter deinen Füßen
aus deinem Innern
über deinem Sehn-Suchen

mit ihr
führen alle Wege
heimwärts

ZU DIR WACHSEN

Komm
zum Ende
mit deinem Machen

Komm
zur Erde
mit deinem Hoffen

Bleib
im Himmel
mit deinen Wurzeln

und
wachse

WINTERSTAUNEN

Immer neu legst DU
DICH wie Flocken
in unser
Herz

leicht
unbemerkt
schmelzend
unsere Angst

und
weist uns
den Weg hin
in DEINE bergenden Arme

AN DER GRENZE

hängen die Sterne
Boten des Ewigen

bewegen wir uns
an SEINER Hand geborgen

tanzt die Liebe
der Erfüllung entgegen

HEIMWÄRTS

Aphoristisch

Gans
am Ende

freut sich
der Fuchs

Zieh von Tannen

ruft die Fichte

LEERE

der Moment

vor der

Fülle

ERINNERN

Für´ s Verstehen

brauchst du den Verstand

Für das Leben

die Liebe

VERGANGEN

den irren Weg

gewählt

GESCHWISTER

Kain gewinnt

doch

Abel gibt nicht auf

GOETHLICH – HESSLICH

Habe unentwegt studiert

und stehe nun

vor meinem Tor

wohlan denn Herz,

beginne –

dich zu öffnen!

GRÜNDONNERSTAG

Hingabe

87

ein Leben lang

ZUR AUTORIN

Geboren 1978 in einem Dorf nahe St. Pölten fand Karin Grössenbrunner schon früh Heimat in der Muse. Vor allem ihr Klavier und das „Vertrauen nach drüben" trugen sie durch manche Unwegsamkeiten, Durststrecken und Zeiten des Un-Mutes.

Ihr Lebensweg führte sie nach der Matura in die Lehranstalt für kirchliche Berufe, Wien. Daran anschließend wirkte die Autorin dreizehn Jahre als Pastoralassistentin in der kirchlichen Seelsorge. Durch die Begegnungen mit Menschen, die sich ihr anvertrauten, wie auch die Konfrontation mit eigenen Krisen ermutigten sie zur Ausbildung zur Lebensberaterin am Institut für Logotherapie und Existenzanalyse, Salzburg.

Die Suche nach dem tieferen Sinn des Seins begleitet sie beständig. Hören und spüren will sie – worunter der Mensch leidet, was er sucht, wonach er sich sehnt – um selbst Ant-Wort zu geben und andere dazu zu ermutigen.

Nach ihrem Wirken als Seelsorgerin und einem Jahr des Rückzugs geht Karin Grössenbrunner nun in der Begleitung von Menschen als Lebensberaterin und Vortragende neue Wege.